HELLULAND
(Baffin Island)

...RKLAND
(Labrador)

GREENLAND
GRÖNLAND
GRÆNLAND

DAS NÖRDLICHE EISMEER
ARCTIC OCEAN
NORDUR ÍSHAF

...ux Meadows

ICELAND
ISLAND
ÍSLAND

Reykjavik •

FAROE ISLANDS
DIE FÄRÖER
FÆREYJAR

ATLANTIC OCEAN
ATLANTISCHER OZEAN
ATLANTSHAF

SHETLAND

NORWAY
NORWEGEN
NOREGUR

Bergen •

SCOTLAND
SCHOTTLAND
SKOTLAND

IRELAND
IRLAND

SWEDEN
SCHWEDEN
SVÍÞJOÐ

Birka •

York •

BRITAIN
GROSS BRITANNIEN
STÓRA BRETLAND

DENMARK
DÄNEMARK
DANMÖRK

Novgorod •

London •

Hedeby •

Lund
Lundur •

RUSSIA
RUSSLAND
RÚSSLAN...

NORMANDIE
NORMANDI • Paris

Kiev

MEDITERRANEAN
MITTELMEER
MIÐJAÐARHAF

Constantinopel
Konstantinopel •

Norwegian fjord
Fjordwelt Norwegens
Norskur fjörður

Norwegian Vikings
Norwegische Wikinger
Norskir víkingar

Swedish Vikings
Schwedische Wikinger
Sænskir víkingar

Danish Vikings
Dänische Wikinger
Danskir víkingar

Lake Vänern / Vänern See / Vänern vatnið

NORWAY
NORWEGEN
NOREGUR

Bergen

Oslo

SWEDEN
SCHWEDEN
SVÍÞJÓÐ

ÅLAND

Birka

GOTLAND

Viborg

DENMARK
DÄNEMARK
DANMÖRK

Lund

Trelleborg

Hedeby

The gentle hills of Møn / Möns sanfte Hügel / Mjúkar hæðir á M

From the
Oseberg
ship (Norway)

Vom Oseberg-
Schiff
(Norwegen)

Af Oseberg
skipinu /
Noregur

The Dawn of Viking Society

From about 800, powerful trading centres started to develop all over Scandinavia. In Denmark there were Ribe, Skuldevig, Hadsten, Hedeby, Trelleborg and Lejre; in Norway Kaupang (Tönsberg) and Borre; in Svealand (north Sweden) Birka and in Götland (south Sweden) Foteviken; in Gotland Paviken and in Öland Kopings-vik. Trade increased rapidly, as well as the division of labour in the community. Mass production of clothes, tools and equipment got under way, making the expeditions of the Viking era possible and ensuring the availability of weapons and armour for large armies.

Der Anfang der Wikingerära

Anfang des neunten Jahrhunderts bildeten sich vielerorts in Skandinavien neue Handelszentren. In Dänemark waren dies Ribe, Skuldevig, Hadsten, Hedeby, Trelleborg und Lejre, in Norwegen Kaupang (Tönsberg) und Borre, in Svealand (Nordschweden) Birka, in Götaland (Südschweden) Foteviken, in Gotland Paviken und in Öland Kopingsvik. Der Handel expandierte rasch und Arbeitsteilung wurde notwendig, um der Nachfrage zu genügen. Man begann mit der Massenproduktion von Kleidung, Werkzeugen und Ausrüstung. Auf diese Weise konnten die großen Heere mit Waffen und Rüstung versorgt und damit die Grundlage für die Expansion der Wikinger geschaffen werden.

Upphaf Samfélags Víkinga

Upp úr 800 voru teknir að myndast öflugir verslunarstaðir víða um Norðurlönd. Í Danmörku voru það Ribe, Skuldevig, Hadsten, Hedeby, Trelleborg og Lejre. Í Noregi voru það Kaupangr (Tönsberg) og Borre. Í Svealandi (Norður Svíþjóð) Birka og í Gautalandi (Suður Svíþjóð) Foteviken. Á Gotlandi Papviken og Kopingsvik á Ölandi. Verslunin jókst hröðum skrefum og sömuleiðis verkskipting í samfélaginu. Fjöldaframleiðsla á fötum, tólum og tækjum hófst. Þessi fjöldaframleiðsla gerði útrás víkingatímans mögulega og tryggði stórum herjum vopn og verjur í upphafi.

Sun chariot (Pre-Viking Denmark)
Sonnenwagen (aus der Vorwikingerzeit, Dänemark)
Sólvagninn / Fyrir tíma Víkinga Danmörk

Rock carvings (Pre-Viking Norway and Sweden)
Felszeichnungen (Vorwikingerzeit, Norwegen und Schweden)
Helluristur / Fyrir tíma Víkinga Noregur og Svíþjóð

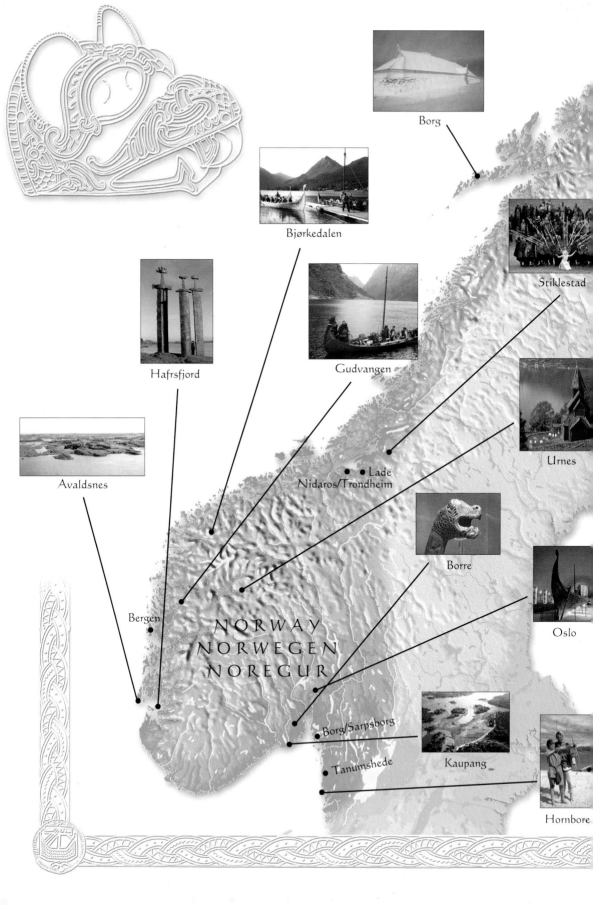

Borg

Bjørkedalen

Hafrsfjord

Gudvangen

Stiklestad

Urnes

Avaldsnes

Lade
Nidaros/Trondheim

Borre

Oslo

Bergen

N O R W A Y
N O R W E G E N
N O R E G U R

Borg/Sarpsborg

Kaupang

Tanumshede

Hornbore

Norwegian Vikings

I n the period 600-800 Norway was ruled by a system of earldoms. Then, having claimed victory in one of the most famous battles in Norwegian history in 872, King Harald Fairhair united Norway for the first time under one crown. With its great mountains and fjords, much of Norway was accessible only by sea, but there was plenty of wood for shipbuilding on its forest-clad hills. The Oslofjord became well-travelled early on, and was named Viken. A great number of trading centres sprang up at an early stage; the best known of these is Kaupang, but equally notable were Borre, Bergen and Trondheim, as well as the Viking towns of Karmøy and Borg in Lofoten. The largest and best preserved Viking ships that have been discovered are the Oseberg and Gokstad ships, now housed in the Viking Ship Museum in Oslo. A particular feature of the Viking era in Norway were the beautiful and unique stave churches, some of which still stand today.

**Brooch in the Vendel style /
Pre-Viking Norway**
Brosche im Vendelstil /
Vorwikingerzeit, Norwegen
Næla í Vendel stíl / Fyrir tíma
Víkinga Noregur

Norskir Víkingar

Á árunum 600-800 taka að myndast jarlaríki í Noregi. Eftir að hafa sigrað í einni frægustu orustu Noregssögunnar, 872, sameinaði Haraldur Hárfagri Noreg, í fyrsta sinn undir einn konung. Noregur með sín miklu fjöll og firði var illfært nema á sjó víðast hvar og gnægð skipaviðar að finna í skógi vöxnum hlíðum. Oslófjörð-urinn var snemma fjölfarinn og var nefndur Víkin. Þar risu snemma fjölmargir verslunarstaðir. Frægastur var Kaupangur. Ennfremur má nefna Borre. Björgvin var frá fornu fari mikill versl-unarstaður og Þránd-heimur. Fleiri frægir víkingastaðir eru Karmøy og Borg á Lófóten. Best varðveittu og stærstu víkingaskip sem fundist hafa, eru Oseberg og Gokstad skipin sem varð-veitt eru í Víkingaskipa-safninu í Oslo. Sterkt ein-kenni á Noregi víkingatímans eru hinar fögru og sérkennilegu stafkirkjur, sem enn standa.

From the Oseberg cart (Norway)
Vom Oseberg-Wagen (Norwegen)
Af Oseberg vagninum / Noregur

Die norwegischen Wikinger

I m Zeitraum von 600-800 n. Chr. herrschten in Norwegen zahlreiche unabhängige Grafen. Mit dem Sieg von Harald Schönhaar im Jahre 872 n. Chr. in einer der bedeutensten Schlachten der norwegischen Geschichte wurde Norwegen schließlich zu einem Königreich vereint. Hohe Berge und zerklüftete Fjordlandschaft machten das Reisen auf Landwegen fast unmöglich. Schiffe waren die wichtigsten Transportmittel, und in den Wäldern gab es ausreichend Bau-holz für den Schiffsbau. Der Fjord von Oslo war schon in früher Zeit stark frequentiert und unter dem Namen Viken weit bekannt. Zahlreiche Handelsorte säumten den Fjord, von denen Kaupang und Borre wohl die bekanntesten sind. Auch Bergen und Trondheim waren schon früh be-kannte Handelszentren. Weitere Wikingersiedlungen sind Karmøy und Borg auf den Lofoten. Die beiden größten und am besten er-haltenen Wikingerschiffe, Oseberg und Gokstad, sind im Wikinger-museum in Oslo ausgestellt. Ein besonderes Merkmal der Wikingerepoche sind die malerischen kleinen Stabkirchen in Norwegen.

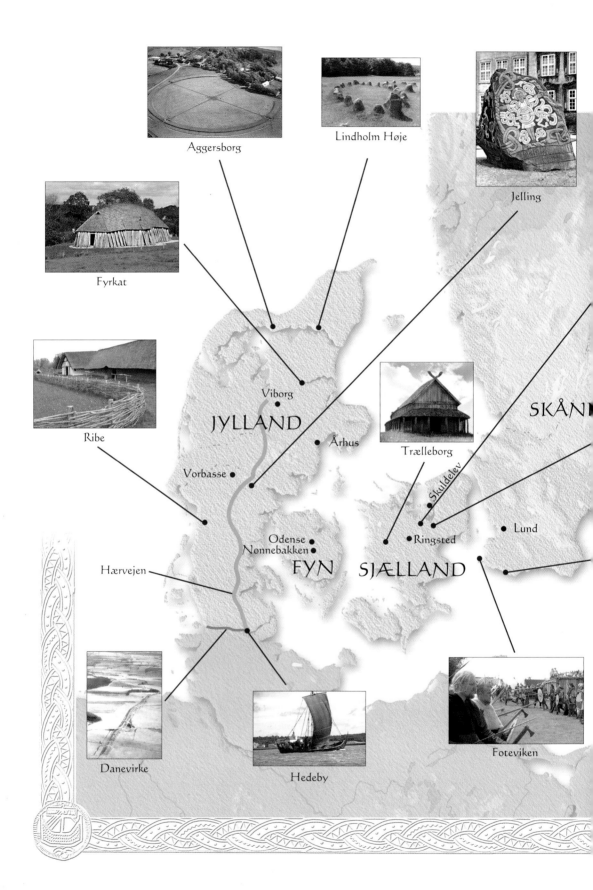

Aggersborg

Lindholm Høje

Jelling

Fyrkat

Ribe

Viborg

JYLLAND

Århus

Trælleborg

SKÅN

Vorbasse

Skuldelev

Odense
Nonnebakken

Ringsted

Lund

Hærvejen

FYN

SJÆLLAND

Danevirke

Hedeby

Foteviken

/ Lejre

Roskilde

Trelleborg

ORNHOLM

Danish Vikings

The Danes date the origins of their country to the reign of Gorm the Old (d. 958). But elements of centralized government were in place much earlier, from before 800 – considerably earlier than in the other countries of the North. Evidence of this can be seen in great constructions such as the Danevirke and the Ox-Road. Farming villages were also established and numerous forts were built, such as the famous royal fortresses at Fyrkat, Trelleborg in Zealand, Trelleborg in Skane, Aggersborg and Nannebakken. The influence of the Danish kings stretched from Schleswig in the south to beyond Skane to the north. The oldest towns were Hedeby, Ribe and Lejre. Skuldelev was a trading centre, Ringsted and Viborg ancient assembly places. Harald Bluetooth ruled the kingdom from Jelling, where a great memorial stone to his family can still be seen. The Skuldelev ships discovered, near Roskilde, there are now on display in the Viking Ship Museum there.

Freyja / Pre Viking Denmark

Freyja / Vorwikingerzeit, Dänemark

Freyja / Fyrir tíma Víkinga Danmörk

Die dänischen Wikinger

Der Anfang des dänischen Reiches wird auf die Machtübernahme von Gorm dem Alten (gest. 958 n. Chr.) datiert; doch es hatte schon viel früher Anzeichen eines dänischen Reiches gegeben. Als erste Wikingernation führten die Dänen eine zentrale Staatsform ein und schon kurz vor 800 n. Chr. bekam das Land eine eigene Exekutive. Zeugnisse dieser Zentralisierung sind große Bauten wie die Dänenschanze sowie die dänische Heerstraße. Zur selben Zeit bildeten sich landwirtschaftliche Zentren und zahlreiche Festungen wurden errichtet wie die Ringburgen bei Fyrkat, Trelleborg auf Seeland, Trelleborg in Schonen, Aggersborg und Nannebakken. Der Einfluss der dänischen Könige reichte von Schleswig im Süden bis Schonen im Norden. Die ältesten Städte sind Hedeby, Ribe und Lejre. Skuldelev war ein Handelszentrum und Ringsted sowie Viborg alte Thingplätze. Harald Blauzahn regierte das Land von Jelling aus, wo noch heute ein großer Gedenkstein an die Bedeutung dieses Königsgeschlechtes erinnert. Die Skuldelev-Schiffe wurden an der Küste vor Roskilde gefunden und sind dort im Wikingerschiffsmuseum ausgestellt.

Danskir Víkingar

Danir telja upphaf dansks ríkis frá Gormi hinum gamla (d. 958) En vísir að ríkisvaldi var komin mun fyrr. Danir voru fyrstir Víkingaþjóða til að koma á miðstýringu og ríkisvald var orðið sterkt í Danmörku fyrir og um 800. Dæmi um það er mannfrek byggingamannvirki á borð við Danavirki og herveginn. Þar mynduðust einnig landbúnaðarþorp og fjölmörg virki voru byggð, meðal annars hin frægu hringvirki við Fyrkat, Trelleborg á Sjálandi, Trelleborg á Skáni, Aggersborg og Nannebakken. Áhrif danskra kónga teygðu sig frá Slesvík að sunnan og yfir Skán norður. Elstu bæir voru Heiðabær, Ribe og Lejre. Skuldelev var verslunarstaður, Ringsted og Viborg fornir Þingstaðir. Haraldur Blátönn stjórnaði ríkinu frá Jelling, þar sem enn stendur mikill steinn til minnis um hans ætt. Út af Hróarskeldu hafa fundist mikil skip, kennd við Skuldelev, sem hægt er að sjá í Víkingaskipasafninu þar.

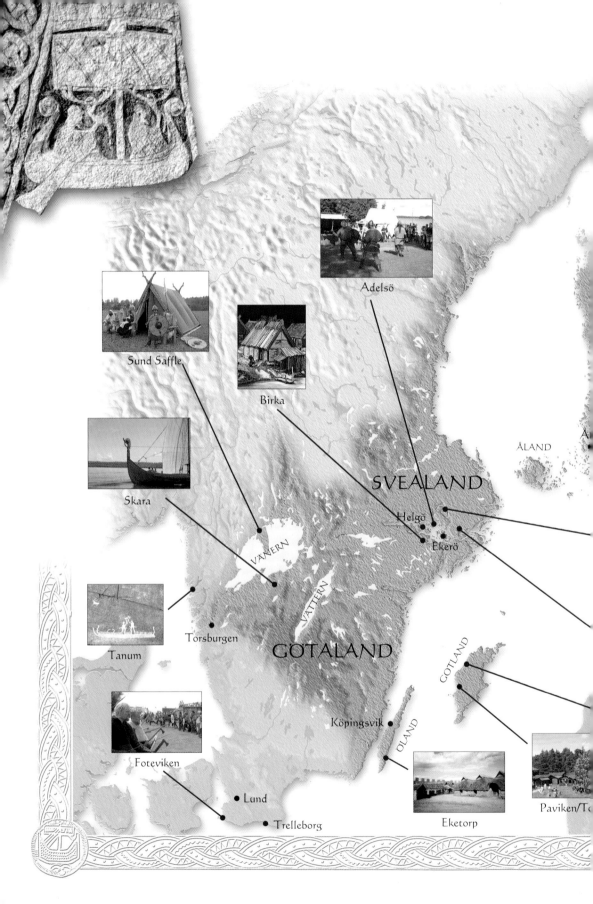

Adelsö

Sund Saffle

Birka

Skara

SVEALAND

Helgö

Ekerö

ÅLAND

Å

VÄNERN

VÄTTERN

Torsburgen

Tanum

GÖTALAND

GOTLAND

ÖLAND

Köpingsvik

Foteviken

Lund

Trelleborg

Eketorp

Paviken/T

Swedish Vikings

In Sweden there were two nations or tribes, the Swedes and the Götar. They were united by Olaf Skötkonung, who ruled around 1000. The Götar inhabited the district of the great lakes Vanern and Vattern; Swedes lived to the west and north, where Stockholm now stands. The Swedes' and Götars' sphere of influence extended to southern Finland and the islands of Gotland, Öland and Aland in the Baltic sea. The islands were the site of great trading centres such as Köpingsvik on Öland and Paviken on Gotland. Other notable places within the Swedish sphere of influence included Birka, one of the Viking era's oldest trading posts and now a museum, are the settlements of Uppsala, Sigtuna, Eketorp and Trelleborg. Most of the important runic stones of the Viking age are to be found in Sweden. Most treasure has been found in Sweden, evidence of extensive trade with nations to the east. Half of all the finds of coins in Scandinavia came from the island of Gotland.

Rosala

Freyr god of fertility (Sweden)
Der Fruchtbarkeitsgott Freyr (Schweden)
Freyr - frjósemisguðinn / Svíþjóð

Sænskir Víkingar

Í Svíþjóð voru tvær þjóðir eða ættflokkar, Svíar og Gautar. Ólafur Skötkonungur ríkti yfir báðum á árunum í kringum 1000. Gautar áttu heima þar sem eru vötnin stóru, Vanern og Vattern en Svíar vestan og norðan við þar sem nú er Stokk-hólmur. Áhrifasvæði Svía og Gauta var auk Svíþjóðar, Suður Finnland, og Baltneski Flóinn vestanverður, Gotland, Öland og Álandseyjar. Á eyjunum voru miklir verslunarstaðir, svo sem Köpingsvik á Ölandi og Paviken á Gotlandi. Aðrir frægir staðir á sænsku áhrifasvæði voru Birka, sem er einn af elstu verslunarstöð-um frá víkingatímanum og hefur nú verið breytt í safn; Uppsala, Sigtuna, Eketorp, Trelleborg eru frægir staðir frá víkinga-tímanum. Hvergi hafa varðveist fleiri og merkilegri rúnasteinar en í Svíþjóð. Miklir fjársjóðir hafa einnig fundist í Svíþjóð, sem allir vísa til mikilla viðskipta í austurvegi. Helmingur allra peninga sem fundist hafa í Skandinavíu hafa fundist á Gotlandi.

Uppsala

gtuna

Visby

Die schwedischen Wikinger

In Schweden gab es zwei Volksgruppen oder Stämme: Schweden und Goten. Über beiden Völkern regierte Olaf Skötkonung um die Jahrtausendwende. Die Goten hatten sich an den großen Seen, Vaner und Vattern, niedergelassen, während die Schweden westlich und nördlich der heutigen Hauptstadt Stokkholm lebten. Das Ein-flussgebiet der Schweden und Goten erstreckte sich über Südfinnland, die Westküste des Balti-schen Meeres, Gotland, Öland und die Aland-Inseln. Auf den Inseln entstanden bedeutende Handelszentren, wie Köpingsvik auf Öland und Paviken auf Gotland. Birka ist eine der ältesten Handelsstationen der Wikinger aus dieser Zeit und fungiert heute als Museum. Weitere bekannte Orte aus der Wikingerära sind Uppsala, Sigtuna, Eketorp und Trelleborg. Die meisten und bemerkenswertesten Runensteine stammen aus Schweden. Hier wurden auch die wertvollsten Schätze gefunden, die auf einen reichen Handel mit den östlichen Nachbarn schließen lassen. Die Hälfte aller Münzenfunde in Skandinavien wurden in Gotland gemacht.

Brooch (Sweden)
Brosche (Schweden)
Brjóstnæla / Svíþjóð

Clothes, Tools and Food

The Vikings learnt early on how to use linen as well as wool, and women wore linen next to the skin. Over these they wore aprons, of various types of cloth, according to availability. Buckles were used to fasten the aprons, front and back, as well as the cloak. The men usually wore trousers and an anorak-like top. They also wore a cloak, draped over the left shoulder to leave the sword-arm free. Many of their tools (such as kitchen utensils, carpentry tools and looms) were of types still in use almost unchanged well into the 19th century. The Vikings' menu frequently included gruel or soup, with unleavened bread; fried or boiled meat was also common. Salting, smoking and drying were the most usual preservation methods. Ale and mead were drunk on special occasions, with milk, water and whey being the everyday drinks.

Föt, Verkfæri og Matur

Víkingar lærðu snemma að nota lín ásamt ullinni, og tóku konur að klæða sig í línserk innst. Utanyfir voru hafðar svuntur úr ýmsum efnum eftir aðstæðum. Spennur voru notaðar til að halda saman svuntu og afturhluta sem og skikkjunni. Karlar klæddust venjulega buxum og stakk, svipuðum anorak. Ennfremur skikkju sem hékk vanalegast yfir vinstri öxl til að sverðshöndin væri laus. Ýmis af þeim áhöldum, bæði eldhúsáhöldum, smíðaáhöldum ásamt verfstólnum, hafa verið notuð allt fram á síðustu öld, í líkri eða óbreyttri mynd. Á matseðli víkinganna var iðulega grautur eða súpa og flatbrauð með. Að auki var steikt eða soðið kjöt algengt. Söltun, reyking og þurrkutn voru algengustu geymsluaðferðirnar. Öl og mjöður voru fram borin við hátíðleg tækifæri. Annars var drukkin mjólk, vatn og mysa.

Kleidung, Werkzeuge und Nahrung

Die Wikinger lernten schon früh, neben der Wolle auch Leinen zu nutzen. Die skandinavischen Frauen kleideten sich in Leinenwäsche. Darüber trugen sie Schürzen aus unterschiedlichen Materialien je nach den äußeren Umständen. Die Schürzen sowie Umhänge wurden mit Spangen befestigt. Männer kleideten sich gewöhnlich in Hosen und einer dem Anorak ähnlichen Jacke. Zudem hatten sie einen Umhang, gewöhnlich über der linken Schulter getragen, um die rechte Schwerthand frei zu haben. Viele der Gerätschaften aus Küche und Schmiede sowie der Webstuhl, wurden wenig oder gar nicht verändert bis weit in das vergangene Jahrhundert hinein verwendet. Auf dem Speiseplan standen meist Grütze oder Suppe mit Fladenbrot. Gebratenes und gekochtes Fleisch gehörten ebenfalls zur alltäglichen Küche. Zur Konservierung wurde gesalzen, geräuchert und getrocknet. Zu festlichen Anlässen wurden Bier und Met gebraut. Ansonsten trank man Milch, Wasser oder Molke.

Best clothes
Festtagskleidung
Spariföt

Everyday clothes
Alltagskleidung
Hversdagsföt

The Expansion Westwards
Exploration and Adventure

Viking raids on towns and villages in Europe began just before 800, as did the adventurous voyages of explorations. In their shallow-draught ships, the Vikings were able to sail up rivers and raid villages and monasteries, in sudden surprice attacks. They laid siege to Paris twice and wintered in many places. Gradually they began to create permanent settlements and to claim land. New countries they settled included Iceland, the western coast of Greenland, and Newfoundland in America. As communities were established, especially in Normandy and Britain, the nature of the voyages changed and, instead of raids, they became to a large extent trading expeditions. The last great battles were fought in the seccond half of the 11th century – in 1066 when Harald Hardrada lost the battle of Stamford Bridge and William the Conqueror won the battle of Hastings.

Die Expansion nach Westen
Erkundungs- und Abenteuerreisen

Kurz vor 800 n. Chr. begannen die Wikinger Städte und Siedlungen in Europa anzugreifen und brachen zu abenteuerlichen Erkundungsreisen auf. Mit ihren flachen Schiffen konnten sie die Flüsse bis weit ins Landesinnere hochfahren und überraschten die sich in Sicherheit wiegenden Klöster und Siedlungen. Zweimal belagerten sie Paris und vielerorts hatten sie Winterquartiere. Mit der Zeit wurden aus den provisorischen Lagern ständige Niederlassungen. Die Wikinger besiedelten neue Länder wie Island, die Westküste Grönlands und Neufundland in Nordamerika. Mit den neuen Siedlungen insbesondere in der Normandie sowie auf den Britischen Inseln veränderte sich der Charakter der Seereisen. Statt zu rauben und zu plündern waren die Schiffe nun hauptsächlich zu Handelszwecken unterwegs. Die letzten großen Schlachten fanden gegen Ende des 11. Jahrhunderts statt. Im Jahre 1066 verlor Harald Hardrada die Schlacht an der Stanford Bridge und im selben Jahr siegte Wilhelm der Eroberer in der Schlacht bei Hastings.

Sókn í Vestur
Landkönnun og Ævintýri

Rétt fyrir árið 800 hófust árásir víkinga á borgir og bæi í Evrópu, ásamt ævintýralegum landkönnunarleiðangrum þeirra. Víkingar sigldu upp árnar, á grunnristum skipum sínum, og réðust á bæi og klaustur sem vissu ekki hvaðan á sig stóð veðrið. Þeir sátu tvisvar um París og höfðu vetursetu á fjölmörgum stöðum. Smám saman fóru þeir að skapa sér varanlega aðstöðu, og helga sér land. Meðal nýrra landa sem þeir námu, voru Ísland, vesturströnd Grænlands og Nýfundnaland í Ameríku. Eftir því sem búseta myndaðist, einkum í Normandí, og á Bretlandseyjum, breyttist eðli sjóferðanna og í stað ránsferða urðu siglingarnar að mestu leyti verslunarleiðangrar. Síðustu stórorusturnar voru háðar á seinni hluta 11. aldar, þegar Haraldur Harðráði tapaði orustunni við Stamford Bridge og sama ár (1066) sigraði Vilhjálmur Sigursæli við Hastings.

Guests from beyond the ocean / Gäste von der anderen Ozeanseite / Gestir handan hafsins (Nicolai Roerich, 1874-1947)

**Helmet / Sweden
ca. 700, Vendel period**

Helm / Schweden
ca. 700, Vendel Epoche

jálmur / Svíþjóð ca. 700, Vendel tímabilið

The Expansion Westwards
Colonization and Settlement

The power of the Vikings reached its height in around the year 1000, with Norwegian and Danish Vikings controlling large areas of Britain, Ireland, Normandy, and Flanders, as well as their colonies in the Faroe Islands, Iceland and Greenland (and briefly in America). The Danes ruled mainly in the east of England (the so-called Danelaw) while Norwegians occupied Scotland and its islands. It was probably also Norwegians who founded Normandy. Within a century or so, their power had either disappeared or merged with that of neighbouring nations. Their influence, though, both culturally and technically, was huge, and in particular their innovations in shipbuilding were instrumental in making sea transport the predominant mode of haulage it still is today. This development of sea transport was the basis for a massive expansion of trade. The formerly Viking areas in Britain and Normandy still reveal their Norse origins in the names of their places and people.

Cumberland / England

ICELAND
ISLAND
ÍSLAND

Reykjavik ●
874

Die Expansion nach Westen
Kolonien und Niederlassungen

Die Wikingerära hatte ihren Höhepunkt um das Jahr 1000. Norweger und Dänen herrschten über Großbritannien, Irland, die Normandie und Flandern und unterhielten Kolonien auf den Färöern, Island und Grönland. Die Siedlungen in Amerika waren nur kurzlebig. Dänen regierten insbesondere den Osten Englands, Danelag genannt, während die Norweger Schottland sowie die vorgelagerten Inseln beherrschten. Wahrscheinlich waren es ebenfalls norwegische Wikinger, welche die Normandie begründeten. Nur ungefähr 100 Jahre später war ihr Reich jedoch zerfallen und mit den angrenzenden Ländern verschmolzen. Ihr Einfluss, sowohl kulturell als auch handwerklich, blieb jedoch bestehen. Insbesondere im Schiffsbau eröffneten die Wikinger neue Möglichkeiten für den Seehandel. Der Schiffstransport ließ den Handel auf ein Vielfaches anwachsen. Noch heute ist an zahlreichen Namen und Ortsbezeichnungen auf den Britischen Inseln sowie in der Normandie der nordische Ursprung zu erkennen.

793	The start of the Viking raids Der Beginn der Wikingerraubzüge Upphaf árása Víkinga
800-850	First raids in Northern France and Flanders Vikings settle in Western and Northern Isles, Isle of Man and parts of Scotland Die ersten Angriffe auf Nordfrankreich und Flandern Die Wikinger lassen sich auf den West- und Nordinseln Schottlands nieder sowie auf der Isle of Man und dem schottischen Festland. Fyrstu árásir á Norður Frakkland og Flandern Víkingar taka sér bólfestu á Vestur- og Norðureyjum, Mön og Norður Skotlandi
850-900	Viking earls rule much of England aligh with York as their capital Viking earls rule much of Scotland Vikings raid the south and west of France, the Spanish coast and Sicily. Wikingerfürsten regieren den größten Teil von England und Schottland. York ist Hauptsitz der Wikinger in England. Wikinger machen Raubzüge in Süd- und Westfrankreich, an der spanischen Küste und in Sizilien. Norrænir jarlar ráða stórum hluta Englands og Skotlands; Jórvík er höfuðborgin á Englandi. Víkingar ráðast á suður-og vestur Frakkland, Spánarstrendur og Sikiley.
900-1000	Vikings conquer Normandy Danish Vikings force English kings to pay Danegeld (tax) Wikinger erobern die Normandie. Die englischen Könige müssen an Dänemark das Danegeld entrichten Víkingar ná yfirráðum í Normandí Danskir konungar þvinga enska konunga til að borga Danagjöld.
1016-1035	Viking King Canute rules Denmark and all of England Der Wikingerkönig Knut regiert über Dänemark und ganz England. Knútur Danakonungur ræður Danmörku og öllu Englandi.
1066	Norwegian Vikings defeated at Stamford Bridge. The end of Viking power in England Saxons defeated at Hastings by Viking descendants from Normandy Norwegische Wikinger verlieren die Schlacht bei Stamford Bridge. Die Herrschaft der Wikinger in England findet ein Ende. Die Sachsen werden von Nachkommen der Wikinger aus der Normandie bei Hastings geschlagen. Norskir víkingar bíða ósigur við Stamford Bridge. Yfirráðum víkinga á Englandi lýkur. Saxar lúta í lægra haldi við Hastings gegn afkomendu víkinga frá Normandí

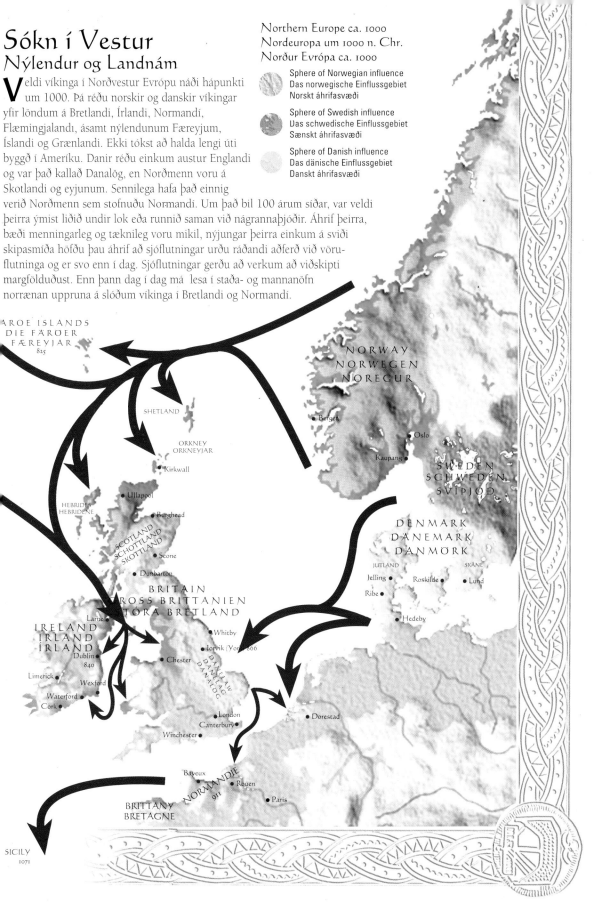

Sókn í Vestur
Nýlendur og Landnám

Veldi víkinga í Norðvestur Evrópu náði hápunkti um 1000. Þá réðu norskir og danskir víkingar yfir löndum á Bretlandi, Írlandi, Normandí, Flæmingjalandi, ásamt nýlendunum Færeyjum, Íslandi og Grænlandi. Ekki tókst að halda lengi úti byggð í Ameríku. Danir réðu einkum austur Englandi og var það kallað Danalög, en Norðmenn voru á Skotlandi og eyjunum. Sennilega hafa það einnig verið Norðmenn sem stofnuðu Normandí. Um það bil 100 árum síðar, var veldi þeirra ýmist liðið undir lok eða runnið saman við nágrannaþjóðir. Áhrif þeirra, bæði menningarleg og tæknileg voru mikil, nýjungar þeirra einkum á sviði skipasmíða höfðu þau áhrif að sjóflutningar urðu ráðandi aðferð við vöruflutninga og er svo enn í dag. Sjóflutningar gerðu að verkum að viðskipti margfölduðust. Enn þann dag í dag má lesa í staða- og mannanöfn norrænan uppruna á slóðum víkinga í Bretlandi og Normandí.

Northern Europe ca. 1000
Nordeuropa um 1000 n. Chr.
Norður Evrópa ca. 1000

Sphere of Norwegian influence
Das norwegische Einflussgebiet
Norskt áhrifasvæði

Sphere of Swedish influence
Das schwedische Einflussgebiet
Sænskt áhrifasvæði

Sphere of Danish influence
Das dänische Einflussgebiet
Danskt áhrifasvæði

FAROE ISLANDS
DIE FÄRÖER
FÆREYJAR
825

NORWAY
NORWEGEN
NOREGUR

• Bergen

SHETLAND

ORKNEY
ORKNEYJAR

• Kirkwall

• Oslo

Kaupang •

SWEDEN
SCHWEDEN
SVÍÞJÓÐ

• Ullapool

HEBRIDES
HEBRIDENE

• Burghead

DENMARK
DÄNEMARK
DANMÖRK

SCOTLAND
SCHOTTLAND
SKOTTLAND

• Scone

JUTLAND   SKÅNE
Jelling •   Roskilde •   • Lund

• Dunbarton

Ribe •

BRITAIN
GROSS BRITTANIEN
STÓRA BRETLAND

• Hedeby

• Whitby

Larne •
IRELAND
ÍRLAND
ÍRLAND

• Jorvik (York) 866

• Chester

D
A
N
E
L
A
W

D
A
N
E
L
A
G

D
A
N
A
L
Ö
G

Dublin
840

Limerick •
• Wexford

Waterford •
Cork •

• London
Canterbury •
Winchester •

• Dorestad

Bayeux •
• Rouen
NORMANDIE
911
• Paris

BRITTANY
BRETAGNE

SICILY
1071

Weapons and Ships

The main Viking weapons were swords, axes, spears and bows. Helmets and shields were used for defence, but few could afford suits of chain mail. Swords, axes and spears were frequently decorated with inlay. But the Vikings' most important military asset was their ships. Many examples have been preserved, of various types – trading vessels, small boats and warships. The largest is the Gokstad ship from Norway, 25 metres in length and 5 metres wide. The boards were fastened with bindings and wooden nails, so the hull of the ship was flexible and could "move" with the sea. Viking ships were not only very seaworthy, they were also better able to sail up shallow rivers than other types and so well suited to raiding. They were normally powered by sail, but oars were used in calm weather or when going into battle

Vopn og Skip

Algengustu vopnin voru, sverð, öxi, spjót og bogi. Til varnar voru hjálmur og skjöldur en fáir höfðu efni á brynju. Sverð, axir og spjót voru iðulega skreytt með útskurði. En mesta vopn og verkfæri víkinga, voru skipin. Skipin hafa varðveist mörg hver og voru af margvíslegum teg-undum. Kaupskip, smábátar og herskip. Stærsta skip sem fundist hefur er norska Gokstad skipið. Það er 25 m langt og 5 metra breitt. Borðin voru fest saman með böndum og trénöglum, þannig að bolur skipsins gat gengið til og "hreyft sig" eftir aðstæðum. Víkingaskipin voru góð sjóskipt og ekki síst gátu þau siglt grunnar ár, betur en mörg önnur skip. Þannig hentuðu þau vel sem innrásarskip. Skipunum var siglt með segli, en róið þegar logn var eða bardagi var í undirbúningi.

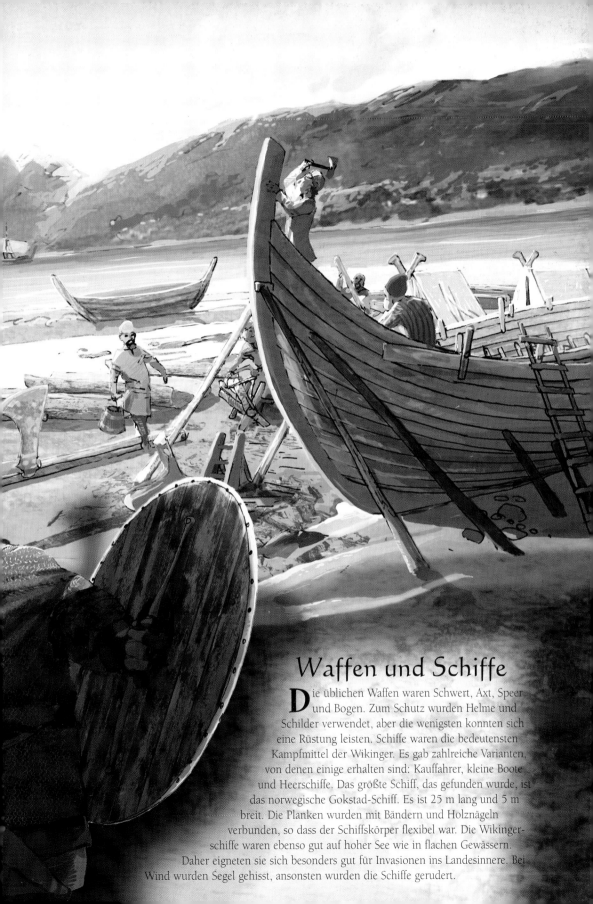

Waffen und Schiffe

Die üblichen Waffen waren Schwert, Axt, Speer und Bogen. Zum Schutz wurden Helme und Schilder verwendet, aber die wenigsten konnten sich eine Rüstung leisten. Schiffe waren die bedeutensten Kampfmittel der Wikinger. Es gab zahlreiche Varianten, von denen einige erhalten sind: Kauffahrer, kleine Boote und Heerschiffe. Das größte Schiff, das gefunden wurde, ist das norwegische Gokstad-Schiff. Es ist 25 m lang und 5 m breit. Die Planken wurden mit Bändern und Holznägeln verbunden, so dass der Schiffskörper flexibel war. Die Wikingerschiffe waren ebenso gut auf hoher See wie in flachen Gewässern. Daher eigneten sie sich besonders gut für Invasionen ins Landesinnere. Bei Wind wurden Segel gehisst, ansonsten wurden die Schiffe gerudert.

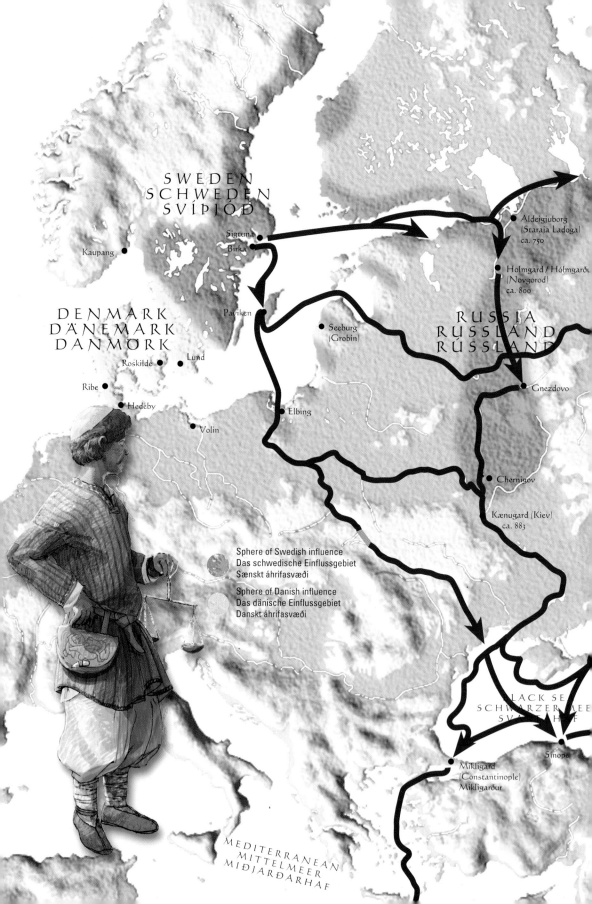

SWEDEN
SCHWEDEN
SVÍÞJÓÐ

Kaupang

Sigtuna
Birka

Aldeigjuborg
(Staraja Ladoga)
ca. 750

DENMARK
DÄNEMARK
DANMÖRK

Paviken

Holmgard / Hólmgarður
(Novgorod)
ca. 800

Seeburg
(Grobin)

RUSSIA
RUSSLAND
RÚSSLAND

Roskilde   Lund

Ribe

Hedeby

Gnezdovo

Volin

Elbing

Chernigov

Sphere of Swedish influence
Das schwedische Einflussgebiet
Sænskt áhrifasvæði

Kænugard (Kiev)
ca. 883

Sphere of Danish influence
Das dänische Einflussgebiet
Danskt áhrifasvæði

LACK SE
SCHWARZER MEER
SVA HAF

Sinope

Mikligard
(Constantinople)
Mikligarður

MEDITERRANEAN
MITTELMEER
MIÐJARÐARHAF

he Movement East
The Quest for Silver

'he Vikings' eastward expansion came mainly
from Sweden. In the east the Vikings were called
s, the Finnish name for the Swedes and the origin
he present name of Russia. These Vikings were
inly looking for silver and furs. Viking military
peditions to the south were made in order to secure
safety of the Swedish merchants' trade routes. The
kings took many towns and villages by force and
n attacked Constantinople, the capital of the
stern Roman Empire, now Istanbul. This eastward
pansion began well before the year 700: Swedish
kings had settled in the Baltic countries before that
e, and a hundred years later began to found their
n communities in Russia. They rapidly
nablished settlements along the Volga and took
ntrol of lands along the main rivers flowing south.

Die Expansion nach Osten
Die Suche nach Silber

Die Expansion der Wikinger nach Osten erfolgte fast
ausschließlich von Schweden. In den Ostregionen waren die
Wikinger unter dem Namen Rus bekannt, dem finnischen Namen
der Schweden. Hiervon leitet sich der heutige Name von Russland
her. Die Wikinger führten aus dem Osten hauptsächlich Silber und
Pelze ein. Bewaffnete Wikingerheere dienten zum Schutz der
schwedischen Kaufleute. In ihren Heerzügen eroberten die
Wikinger zahlreiche Orte und Siedlungen und sie scheuten auch
nicht vor einem Angriff auf Konstantinopel zurück, der Hauptstadt
des oströmischen Reiches und heutigem Istanbul. Die Expansion
nach Osten begann gut vor 700 n. Chr. Schon vorher hatten
schwedische Wikinger sich in den baltischen Staaten
niedergelassen und hundert Jahre später
gründeten sie eigene Siedlungen in
Russland. Sie segelten mit ihren Schiffen
auf der Wolgau und kontrollierten an
allen größeren Flüssen, die nach Süden
flossen, die angrenzenden Länder.

Sókn í Austur
Í Leit að Silfri

Útrás víkinga í austurátt, kom fyrst og fremst
frá Svþíþjóð. Í austurvegi voru víkingar nefndir Rus, en það
kölluðu Finnar Svía. Það orð varð síðar grunnurinn að núverandi
heiti Rússlands. Víkingarnir voru fyrst fremst að leita að silfri og
skinnavöru. Sókn hervæddra flokka víkinga suður á bóginn var
sænskum kaupmönnum nauðsyn, til að tryggja öryggi þeirra á
kaupferðum. Víkingarnir tóku ýmsar borgir og bæi með valdi og
réðust meira að segja á Konstantínópel, höfuðborg austrómverska
ríkisins, núverandi Istanbúl. Upphaf útrásarinnar í austurveg var vel
fyrir árið 700. Sænskir víkingar höfðu komið sér fyrir í bæjum í
baltnesku löndunum fyrir þann tíma og hundrað árum seinna hófu
þeir að reisa eigin bæi í Rússlandi. Þeir gerðu sig fljótlega
heimakomna á Volgu og hófu að ná undir sig löndum meðfram
helstu ám sem runnu í suðurátt.

Hedeby/Birka

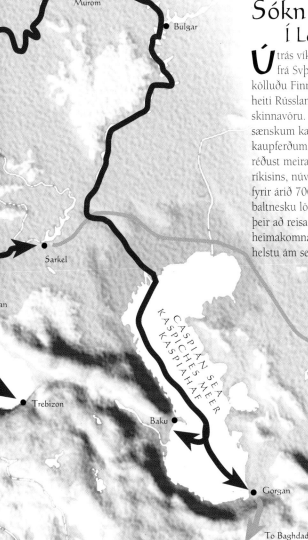

Murom

Bulgar

Sarkel

an

Trebizon

CASPIAN SEA
KASPICHES MEER
KASPIAHAF

Baku

ARAL

Chorzem

Gorgan

To Baghdad

SWEDEN
SCHWEDEN
SVÍÞJÓÐ

RUSSIA
RUSSLAND
RÚSSLAND

Aldeigjuborg
(Staraja Ladoga)
ca. 750

Holmgard / Hólmgarður
(Novgorod)
ca. 800

Izborsk

Pskov

Seeburg
(Grobin)

Polotsk

Dvina

Smolensk
(Gnezdovo)

Elbing

Wolin

Dniepr

Prypyat

Cheringov

Kænugard
(Kiev)

Dniepr

Volga Song
Wolgalied
Volgusöngur
(Wassily
Kandinsky
1866-1944)

Pivd Buh

Dnister

Prut

The Movement East
Permanent Settlement

The Vikings founded the town of Novgorod in the ninth century and
around that time also captured Kiev. They had more or less continual
skirmishes with the Bulgarians and the Khazaks. Like the Vikings in the west,
the Swedish Vikings assimilated with the nations living in the areas they captured.
The main ssouthward artery was the river Dniepr. The military prowess of the Vikings
soon became legendary and they became widely sought after as mercenaries. The
Emperor's bodyguard in Constantinople was manned by Vikings called Varangians, a
name by which they were widely known in the East. The Viking dominion grew and
later became the foundation of what is now Russia. Links between Scandinavia and
Russia weakened as the source of silver from Arab countries dried up. Only later did the
Swedes become influential in these parts again.

BLACK SEA
SCHWARZER MEE
SVARTAHAF

Mikligard (Constantinople)
Mikligarður

Freya / Sweden
Freyja / Schweden
Freyja / Svíþjóð

ozero

Volga

Varoslavi

Moramar
(Murom)

Die Expansion nach Osten
Ständige Ansiedlungen

Wikinger gründeten die Stadt Novgorod im neunten Jahrhundert und eroberten zur selben Zeit Kiew. Sie standen ständig im Streit mit den Bulgaren und Kasachen. Wie im Westen verschmolzen die schwedischen Wikinger mit den Völkern der von ihnen eroberten Regionen. Die Hauptader für den Weg nach Süden war der Fluss Dnjepr. Die Wikinger waren wegen ihrer Kampfkraft gerühmt und als Söldner begehrt. Die Leibwache des Kaisers in Konstantinopel setzte sich ausschließlich aus Wikingern zusammen und wurde Warägergarde genannt. Waränger wurden die Wikinger in den östlichen Gebieten genannt. Das Reich der Wikinger dehnte sich weit aus und war Grundstein für das heutige Russland. Als der Handel mit Silber aus den arabischen Ländern nachließ, flauten auch die Handelsbeziehungen zwischen Schweden und Russland ab. Erst Jahrhunderte später gelangten die Schweden in diesen Regionen ein weiteres Mal an die Macht.

Sókn í Austur
Samfelld búseta

Víkingar stofnuðu bæinn Nýjagarð (Novgorod) á níundu öld og náðu um svipað leyti undir sig bænum Kænugarði (Kiev). Þeir áttu í nokkuð stöðugum útistöðum við Búlgara og Khazaka. Á sama hátt og víkingarnir í vestri, runnu sænsku víkingarnir saman við þjóðirnar sem bjuggu á þeim svæðum sem þeir náðu undir sig. Aðalæðin suðurábóginn var Dnépr. Hernaður víkinga varð fljótlega frægur og var sóst eftir þeim víða. Lífvörður keisarans í Konstantínópel var mannaður víkingum og voru þeir nefndir Væringjar, en undir því nafni gengu víkingar víða í austurvegi. Veldi víkinganna varð afar viðfeðmst og varð það síðar grunnurinn að því sem er Rússland í dag. Tengslin milli Skandinavíu og Rússlands minnkuðu við að uppspretta silfurs frá Arabalöndunum þornaði upp. Það var ekki fyrr en nokkrum öldum síðar að Svíar urðu aftur valdamiklir á þessum svæðum.

753
Establishment of the first Swedish colony in Russia, Aldeigjuborg (Staraja Ladoga).
Gründung von Aldeigjuborg (Staraya Ladoga), der ersten schwedischen Ansiedlung in Russland.
Stofnun Aldeigjuborgar (Staraja Ladoga), fyrsta sænska bæjarins í Rússlandi.

839
The emperor of Miklagard (Constantinople) founds the imperial Varangian Guards, consisting solely of Viking warriors.
Am Kaiserhof von Byzanz wird die Warägergarde ausschließlich aus Wikingern rekrutiert.
Keisarinn í Miklagarði setur á stofn hinn keisaralega Væringjaher, eingöngu skipaðan víkingum.

860
First Viking attack on Miklagard (Constantinople).
Die ersten Wikingerüberfälle auf Miklagard (Konstantinopel).
Fyrsta árás víkinga á Miklagarð (Konstantínópel).

862
Swedish Vikings establish Russia (Gardariki)
Schwedische Wikinger gründen Gardariki.
Sænskir víkingar stofna Garðaríki.

879
Swedish Vikings conquer Kaenugard (Kiev)
Schwedische Wikinger erobern Kaenugard (Kiev).
Sænskir víkingar leggja undir sig Kænugarð (Kiev).

907, 941, 945 & 971
Viking attack on Miklagard (Constantinople)
Angriffe der Wikinger auf Miklagard (Konstantinopel).
Árásir víkinga á Miklagarð (Konstantínópel).

1081
Normans invade the Balkans
Invasion der Normannen auf dem Balkan.
Normannar ráðast inná Balkanskaga.

1066
Sicilian Normans launch a successful expedition into the Balkans at Saloniki.
Normannen fallen aus Sizilien über den Balkan her und siegen in Saloniki.
Sikileyskir Normannar ráðast inná Balkanskaga og hafa sigur við Saloniki.

1204
The Varangian Guard, which defends Miklagard (Constantinople) is dissolved following defeat by the army of the Fourth Crusade
Die Warägergarde zum Schutz von Miklagard (Konstantinopel) wird nach der Niederlage gegen das vierte Kreuzfahrerheer aufgelöst.
Væringjaherinn sem verja á Miklagarð (Konstantínópel), leystur upp, eftir ósigur gegn fjórða krossfarahernum.

Art

Viking art is divided into six periods: Oseberg (Broa), Borre, Jelling, Mammen, Ringerike and Urnes. These names refer to the places where finds of artefacts have been made. Styles developed over time and there is no sharp division between different periods. Viking art was always practical in nature - decorations on objects, weapons or household equipment (the Oseberg tapestry is an exception). As time went by and the Vikings had more contact with other nations, mutual influences emerged, especially between Celtic and Viking art. The most distinctive feature of Viking art is the use of very intricate decorative coils. One motive is found throughout the Viking period the "gripping beast", a creature that grabs itself, borders, edges or other beasts, and may be infinitely repeated. Wood-carvings in Scandinavia still display this pattern today.

Vendel

Arm-ring / Denmark ca. 900-1000
Armband / Dänemark ca. 900-1000
Armband / Danmörk ca. 900-1000

Urnes

From the Oseberg ship / Norway
Vom Oseberg-Schiff / Norwegen
Oseberg skipið / Noregur

Oseberg

Wood carving / Norway
(Urnes stavekirke)
Schnitzwerk / Norwegen
(Urnes Stavkirke)
Útskurður /Noregur (Stafkirkjan í Urr

Kunst

Die Wikingerkunst wird in sechs Zeitabschnitte unterteilt: Oseberg (Broa), Borre, Jelling, Mammen, Ringerike und Urnes. Ihre Namen verdanken sie den Fundorten der jeweiligen Kunstgegenstände. Zwar hat sich die Kunstform beständig entwickelt, doch gibt es keine klaren Zeitgrenzen für die verschiedenen Stile. Die Wikingerkunst war grundsätzlich praktischer Natur, zum Verzieren von Werkzeugen, Waffen und Hausrat. Der Wandteppich von Osberg ist hier eine Ausnahme. Mit der Verbindung zu anderen Kulturen kommt es zu gegenseitiger Beeinflussung, insbesondere der keltischen und nordischen Kultur. Eines der Merkmale der Wikingerkultur sind die komplizierten Tier- und Pflanzenornamente. Ein Motiv taucht immer wieder in der Wikingerära auf, ein schlangenhaftes Tiermotiv, das sich selbst am Schwanz oder andere Tiere greift. Noch heute leben diese Motive in Holzschnitzereien in den nordischen Ländern weiter.

Gold Brooch / Denmark ca. 900-1000
Goldbrosch / Dänemark ca. 900-1000
Gullnæla/ Danmörk ca. 900-1000

Broa

Bridle mount / Gotland ca. 800-900
Verzierte Sattelschnalle / Gotland ca. 800-900
Beisliskraut / Gotland ca. 8-900

Listmunir

Víkingalist er skipt í sex tímabil: Ose-berg (Broa), Borre, Jelling, Mammen, Ringerike og Urnes. Heiti þeirra markast af stöðum sem fornir munir hafa fundist. Þó svo að listformið hafi þróast, eru ekki skýr mörk í tíma á milli stíltegunda. List víking-anna var ævinlega nytjalist, skreytingar á munum, vopnum eða búsáhöldum. Oseberg veggteppið er þó undan-tekning. Eftir því sem á líður og víkingar að komast í nánari snertingu við aðrar þjóðir, koma fram gagn-verkandi áhrif, einkum milli keltneskr-ar listar og norrænnar. Aðaleinkenni víkingalistar er notkun afar flókinna skraut-vafninga. Eitt mótív hélst óbreytt allan víkinga-tímann, útfært með ýmsum hætti, en það er "klófestin": Dýr sem grípur ýmist í sjálft sig, brúnir, kanta eða önnur dýr, og hægt er að vefja áfram óendanlega. Tréútskurður á Norðurlöndum ber merki þessarar hefðar til þessa dags.

Mammen

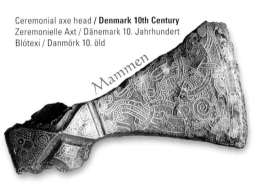

Ceremonial axe head / Denmark 10th Century
Zeremonielle Axt / Dänemark 10. Jahrhundert
Blótexi / Danmörk 10. öld

Borre

Gold spur / Norway ca. 900-1000
Goldverzierter Sporn /
Norwegen ca. 900-1000
Gullspori / Noregur ca. 900-1000

Ringerike

Jelling

Beaker / Denmark ca. 800
Becher / Dänemark ca. 800
Bikar / Danmörk ca. 800

Tombstone from St. Paul's Cathedral / England
Grabstein aus der St. Paul's Kathedrale / England
Bautasteinn úr St. Pauls dómkirkju / England

Literature

Our knowledge of the Viking Age would be much the poorer without the writings of the Icelanders. During the 12th and 13th centuries and on into the 14th, Iceland saw an outpouring of literary creativity that is unique in the Middle Ages and one of the high points of world literature. Norwegians and Danes, as well as Icelanders, produced historical chronicles of literary value, the most important being the Gesta Danorum of the Dane Saxo Grammaticus and Heimskringla, the history of the kings of Norway, by the Icelander Snorri Sturluson. However, pride of place goes to the Icelandic sagas about native settlers and heroes, such as Njal's Saga and Egil's Saga, and the heroic and mythological poems of the Edda, such as Voluspa and Havamal. It is this literature that makes the Vikings live for us as individual people.

Saint Olaf's Saga / Iceland 14th century
Olafssaga / Island 14. Jahrhundert
Sagan af Ólafi helga / Ísland 14 öld

Þingeyrar

Reykholt

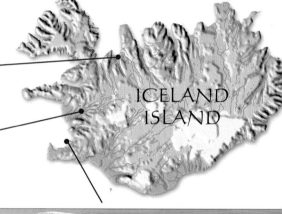

ICELAND
ISLAND

Viðey

Literatur

Wir wüssten sehr viel weniger über die Epoche der Wikinger, wenn nicht die Isländer eine solche Schreibfreudigkeit an den Tag gelegt hätten. Die Sagas wurden in Island im 12. bis 14. Jahrhundert niedergeschrieben. Zu dieser Zeit war Island das Zentrum der Schreibkunst in Nordeuropa und die isländischen Sagas zählen zu den Höhepunkten der Literaturgeschichte. Neben literarischen Werken schrieben Isländer, Norweger und Dänen auch historische Werke wie z. B. die Geschichte Dänemarks von dem dänischen Geistlichen Saxo und die norwegischen Königssagas des Isländers Snorri Sturluson. Die alte nordische Literatur ist in mehrere Untergruppen unterteilt, von denen die Isländersagas sowie die Edda wohl am bekanntesten sind. Werke wie die Njalssaga, Heimskringla, Völuspá und Havamal sind alle in zahlreiche Sprachen übersetzt worden. Ohne diese literarischen Überlieferungen wären die Wikinger wie Schauspieler in einem Stummfilm. Erst durch die Literatur der Wikinger bekommen wir ein umfassendes Bild von dieser Epoche der Menschheitsgeschichte.

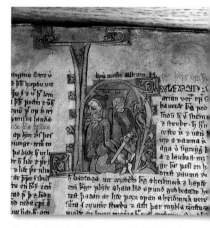

Flateyjarbok (the Flatey manuscript) / Iceland
Flateyjarbok / Island
Flateyjarbok / Ísland

Bókmenntir

Upplýsingar okkar um
víkingaöldina væru að
miklum mun fábreyttari ef ritgleði
Íslendinga hefði ekki notið við. Ritlist á
Íslandi stóð með miklum blóma á 12., 13. og fram á 14.
öld. Á Íslandi á þessum tíma var eitt af höfuðsetrum ritlistar
í heiminum öllum. Íslenskar fornbókmenntir eru
einn af hæstu punktum bókmenntasögunnar.
Samt bókmenntaafrekum Íslendinga, rituðu
bæði Íslendingar, Norðmenn og Danir sagnfræðilega bálka,
sem allir hafa bókmenntalegt gildi. Þar ber hæst Sögu Dana eftir
þann Saxo, og Noregskonungasögu Íslendingsins Snorra
Sturlusonar. Norrænar fornbókmenntir skiptast í marga flokka,
þar eru íslendingasögur taldar merkilegastar ásamt
Eddukvæðum. Margir þekkja Egils sögu og Njálu,
Heimskringlu, Völuspá og Hávamál. Án þessara
bókmennta, væru víkingar einsog leikarar í
gulli kvikmynd. Vegna þessara bókmennta,
heimur víkinganna heill og skiljanlegur.

The Ride to Asgard / Der Asgardrit
Ásgarðsreiðin (Peter Nicolai Arbo, 1831-189

Religion

The gods of the Vikings are familiar even today. Odin, the All-Father, was the most powerful along with his wife Frigg, followed by his son Thor and his wife Sif. Another high ranking god, Tyr, lost his hand when the gods decided to chain the monster wolf Fenrir. Having tried many kinds of chains, all of which broke, they bound him with a chain made of the spit of a bird, the roots of a mountain, the sound of a cat's footstep and the sinews of a bear. As security that the gods would release him, Tyr placed his right arm in the wolf's jaw. When the wolf became realised that the chain was not going to be released, he bit Tyr's hand off. As Snorri's Edda puts it, when the gods saw that the wolf was securely bound, "they all laughed, except Tyr". The names of the Viking gods survive in the names of the days of the week in many European languages: e.g. the English Tuesday (Tyr's day), Wednesday (Odin's day), Thursday (Thor's day) and Friday (Freyr's day). Their names are thus more than ever on everybody's lips.

Thor at War with the Giants / Thor im Kampf mit den Riesen / Þór berst við þursana (Mårten Eskil Winge, 1825-1896)

Odin
Odinn
Óðinn
(Lorenz
Frølich,
1820-1908)

Trúarbrögð

Guðir Víkinganna eru frægir enn þann dag í dag. Óðinn eða Alfaðir, var æðstur ásamt frú sinni Frigg, en fast á hæla honum koma sonur hans Þór og Sif hans ektafrú. Týr hinn einhenti er annar af æðstu guðunum. Týr missti hendina þegar guðirnir ákváðu að koma böndum á ófreskjuna Fenrisúlfinn. Eftir að hafa reynt mörg bönd sem öll slitnuðu, bundu þeir hann með fjötri sem var gerður af hráka fuglsins, rótum fjallsins, fótataki kattarins og sinum bjarnarins. Sem pant til að tryggja að guðirnir myndu leysa hann aftur, lét Týr hægri höndina í gin úlfsins. Þegar úlfurinn varð þess áskynja að ekki myndi fjöturinn leystur, beit hann höndina af Tý. Þegar guðirnir sáu að úlfurinn var örugglega bundinn, "þá hlógu allir nema Týr" segir í Snorra Eddu. Guðanöfn víkinganna birtast í daganöfnum í mörgum evrópskum málum: t.d. ensku Tuesday (Týsdagur), Wednesday (Odinsdagur), Thursday (Þórsdagur) og Friday (Freysdagur). Þannig að þeir er oftar nefndir á nafn en nokkru sinni fyrr.

Religion

Die Götter der Wikinger sind noch heute in aller Munde. In vielen europäischen Sprachen sind die Wochentage nach den nordischen Göttern benannt. So ist Dienstag der Tag des Gottes Tyr, Donnerstag der Tag des Gottes Thor und Freitag der Tag des Gottes Freyr. Der höchste Gott war Odinn, auch Allvater genannt, zusammen mit seiner Frau Frigg. Ihm folgten sein Sohn Thor mit dessen Frau Sif. Auch der einarmige Gott Tyr nimmt einen oberen Platz in der Götterhierarchie ein. Er verlor seine Hand, als die Götter beschlossen, den Fenriswolf in Fesseln zu legen. Als keine Fesseln halten wollten, machten sie ein Band aus der Spucke von Vögeln, den Wurzeln der Felsen, dem schleichenden Gang von Katzen und den Sehnen der Bären. Als Pfand dafür, dass die Götter ihn wieder freiliessen, legte Tyr seinen Arm ins Maul des Wolfes. Doch als die Götter die Fesseln nicht lösen wollten, biss er Tyr den Arm ab. Es heißt in der Snorra-Edda, dass alle Götter lachten, nur Tyr nicht, als die Fesseln hielten.

Watering Yggdrasil, the cosmic Tree / Besprengen von Yggdrasil / Yggdrasill vökvaður (Dagfinn Werenskiold, 1882-1977)

Ymir suckled by the Cow Audhumla / Ymir säugt an der Kuh Audhumla / Ýmir sýgur kúna Auðhumlu (Nicolai Abraham Abildgaard, 1743-1809)

New Lands

Irish monks are thought to have lived in the Faroe Islands and Iceland before the Vikings arrived, but not much is known about their travels or how they lived. The Faroe Islands were the first to be settled, then Iceland, Greenland and, finally, America (though only for a short time). The Faroe Islands were named for the quantity of sheep there. Flóki Vilgerdarson, who lost his livestock trying to settle in Iceland and had to abandon the attempt, gave the country its cold name as a warning to others. Eric the Red, who settled Greenland chose its name as an encouragement to people to move there. Leif Ericsson, the son of Eric the Red, spent one winter on the east coast of America; settlement followed but it is not known how long it lasted. These voyages and settlements are a good demonstration of the excellence of the Viking ships.

Brattahlid

L'Anse aux Meadows

America was discovered by Leif the Lucky in the year 1000

Amerika wurde 1000 n. Chr. von Leif dem Glücklichen besiedelt

Amerika var numin af Leifi heppna árið 1000

Neue Länder

Schon vor den Wikingern sollen irische Mönche sowohl auf den Färöern als auch auf Island ansässig gewesen seien. Nur wenig ist jedoch über deren Reisen und Niederlassungen bekannt. Die Wikinger siedelten sich zunächst auf den Färöern an, danach auf Island und schließlich in Grönland sowie in Nordamerika. Die Ansiedlung in Nordamerika war jedoch nur kurzlebig. Die Färöer sind nach den Schafen benannt und heißen übersetzt "Schafsinseln". Island soll seinen Namen dem Wikinger Floki Vilgerdarson verdanken, der bei seinem ersten Siedlungsversuch alle Schafe verlor und sem Land zur Warnung an andere Siedler den kalten Namen "Eisland" gab. Erik der Rote besiedelte Grönland und nannte es "Grünland". Im Gegensatz zu Floki war sein Ziel, mit dem versprechenden Namen zur weiteren Siedlung anzuregen. Eriks Sohn, Leif der Glückliche, gelangte zur Ostküste Amerikas und verbrachte dort einen Winter. Andere Siedler folgten. Wie lange die Wikingersiedlungen in Nordamerika bestanden ist nicht bekannt. Die langen Reisen sind ein deutlicher Beweis für die Seetauglichkeit der Wikingerschiffe.

The Faroe Islands were settled around 825 by Grim Kamban

Die Färöer wurden 825 n. Chr. von Grimur Kamban besiedelt

Færeyjar voru numdar árið 825 af Grími Kamban